Le Pêcheur d'étoiles

Roxane Marie Galliez

Conte

Copyright © 2014 Roxane Marie Galliez

Tous droits réservés

ISBN: 979-10-91485-02-9

« J'ai encore beaucoup de choses à te dire.
Je les mettrai dans les livres :
je n'ai jamais écrit que pour toi,
dans l'espérance que l'imbécilité de l'amour
me sauve de la stupidité de la littérature. »

Christian Bobin,
L'Inespérée, Gallimard, 1994

Aux semeurs de cailloux blancs

1

Sur les rives d'or de la Phénicie, Barbar attend
l'aube.

Est-ce parce qu'il ne rêve pas qu'il a si peur de la
nuit ? Barbar égrène les heures de l'obscurité,
assis sous la lune, et se demande si l'univers a
besoin de lui. Il ne manque pourtant de rien, il ne
connaît pas la faim, ni le froid. Il compte de
nombreuses connaissances et même quelques
amis mais sa vie lui semble sans saveur et sans
parfum.

L'herbe commence à se vêtir de rosée douce et,
sous les larges mains du Phénicien, les perles
d'eau trouvent asile et repos. Un si bref instant.
L'odeur de thym sauvage est encore en suspens,
comme un voile éphémère, et viendra se
réchauffer en fin d'après-midi pour embaumer le
champ.

Barbar attend l'aube, moment régulier, immuable, seule certitude qui le rassure : l'aube revient toujours et il se lève avant elle pour l'attendre, la remercier d'être là, chaque fois.

Et s'il partait ? S'il quittait ses rives ? On raconte que, de l'autre côté de la terre, la nuit remplace le jour et le jour remplace la nuit. On raconte aussi qu'il est des terres où les jours durent des mois sans que la nuit ne se couche. En d'autres endroits c'est le climat qui ne change pas, ou trop chaud, ou trop froid. Barbar ne connaît aucun ailleurs, il ne connaît que son village, son aube, ses nuits. Il voudrait tant connaître le repos de l'esprit et du coeur, il voudrait que sur sa langue, son pain ait mille odeurs, il voudrait ne plus attendre un nouveau jour comme un nouvel espoir que sa vie change. Il voudrait pouvoir fermer les yeux et rêver. Il voudrait aimer sans se perdre, travailler sans trop se donner, il voudrait garder le contrôle sur toute sa vie qu'il domine et maîtrise. Une vie sans surprise et sans abandon, rassurante et tiède.

Est-il heureux finalement ? Ce n'est pas la première fois que Barbar se pose la question. Une question qu'il ne chasse pas de son esprit comme il le fait habituellement. Est-il heureux ? Il est heureux de se lever, de marcher et de voir. Il est heureux de manger, de boire et de danser. Il est heureux quand il est en montagne avec son ami ou quand il est seul comme à cet instant, mais est-il heureux simplement, au quotidien, sans raison apparente ?

Il a beau chercher à l'intérieur de lui, il ne ressent aucune vague de chaleur ou de joie particulière. Certains disent que c'est ainsi que se mesure la joie de vivre. Il n'est pas malheureux mais cela suffit-il à dire qu'il est heureux ? Il ressent au contraire un vide immense, comme un gouffre à l'intérieur de lui, qu'il ne saurait décrire et qui l'effraie plus que la plus sombre de ses nuits. A personne il ne peut parler de cette nuit au fond de lui, une nuit qu'aucune aurore n'est jamais venue éclaircir.

Assis sur les rives d'or de la Phénicie, Barbar attend l'aube et décide de partir chercher le bonheur et de repeindre le ciel au fond de lui.

Après tout, il n'est peut-être pas si loin, peut-être pas si difficile à atteindre.

2

A l'orée de l'après-midi, Barbar a emporté de
l'eau fraîche, quelques figues et des grenades. Le
village sommeillait légèrement comme chaque
jour à cette heure, il ne croiserait personne sur
son chemin. Il voulait penser tranquillement sans
avoir à interrompre le fil de ses mots intérieurs,
par des salutations coutumières. Il a pris des
détours, Barbar, ce jour-là, pour se rendre au
coeur de la montagne qui surplombait tout. C'est
là que vivait, en ermite, son plus vieil ami, Petrus,
son frère de lait. Ils se saluèrent en silence, dans
une étreinte aussi longue que leur absence. Puis
Barbar posa les fruits sur une pierre, versa l'eau
dans des verres en bois et coupa les grenades en
deux. Ils mangèrent en souriant, seuls leurs yeux
se parlaient à cet instant. Petrus vivait seul si
longtemps que le silence lui était nécessaire au
moment des retrouvailles. Plus tard ils
échangeraient, pour se dire l'essentiel et un peu
plus assurément.

Petrus avait choisi la montagne pour refuge. Il ne fuyait rien, il se retrouvait, il était à sa place au milieu des rochers, des arbres et des plantes. Il les connaissait toutes et son savoir était recherché. C'est Barbar qui faisait le lien entre lui et la ville pour vendre les plantes demandées par les officines ou les femmes désireuses de contrôler la rondeur de leur ventre et le désir de leurs amants. Petrus était aussi petit et sec que Barbar était grand et bâti comme un soldat. Il ressemblait à un de ces arbres des montagnes asséchées tandis que son ami respirait la rondeur et la force du soleil levant. Pourtant, Petrus était heureux, et Barbar ne l'était pas.

— Barbar, viens mon ami, marche avec moi. Quand tu gravis les pentes, tu te retrouves, vois-tu ?

Barbar ne voyait pas.
Se re-trouver ? S'il pouvait déjà se trouver, il serait satisfait. Il sentait l'air sur sa peau, il sentait l'effort dans ses jambes et il aimait cela, il caressait les feuillages et prenait même plaisir parfois à retirer ses sandales pour marcher, plantes nues, sur les sentiers escarpés, mais pouvait-il pour autant affirmer qu'il était heureux ? Peut-être avait-il besoin d'une montagne lui aussi, peut-être sa place était-elle ici avec son ami ? L'idée ne l'effleura qu'un instant, il pensa à son désir, ce matin, de partir explorer un ailleurs improbable qu'il ne connaissait pas.
Pas encore.

— J'ai besoin de savoir Petrus. De savoir où est ma place. J'ai besoin de trouver ma montagne, où qu'elle soit.

— Qui te dit que ta place est en montagne ? Même si nous sommes frères, mon chemin n'est pas ton chemin.

Avant que la nuit ne vienne se déposer comme une trop lourde couverture, les deux hommes se séparèrent. Petrus serra Barbar un peu plus longtemps que d'ordinaire.

— Petrus, pourquoi tu ne me retiens pas ? Pourquoi tu me laisses partir loin de toi ?

— Parce que je t'aime. Moi je suis montagne et sédentaire, toi peut-être es-tu nomade.

— Je ne veux pas être nomade, Petrus, nomade, cela signifie être sans terre, sans attache. Je ne veux pas.

— Peut-être Barbar, peut-être. Et peut-être la lune n'a-t-elle pas choisi d'être Lune, peut-être désirait-elle être Soleil, et la vie en a décidé autrement. Que serait le monde, si elle refusait d'être ce que l'Univers a prévu qu'elle soit ?

— Je ne suis pas aussi important au monde que la lune, Petrus !

— Tu fais partie de mon monde et tu es important pour moi. Va mon ami, trouve ta place et si tu erres trop longtemps, sache que tu gardes une place dans mon coeur, dans mes bras. Et si tu ne reviens pas, sache encore que tous mes souvenirs avec toi, suffiront à me combler jusqu'à mon dernier soupir. Envoie-moi simplement une pensée, et je saurai que tu vas bien. Nous nous retrouverons bientôt. Ici, ou dans une autre éternité. Va, offre-moi ton sourire encore une fois et accomplis ce que tu as à accomplir. Merci de ton départ, tu m'apprends que le moment est venu pour moi d'apprendre à vivre sans toi.

3

Barbar n'a pas dormi cette nuit-là, il s'est tourné, retourné toute la nuit entre ses draps. Nomade ? Sédentaire ? Est-ce que cela commence par là «trouver sa place» ? Il n'avait jamais quitté le village et, si les récits des différents marins l'avaient toujours fait rêver, il n'avait jamais osé franchir le pas. Ce doit être si épuisant d'être nomade, de chercher toujours une nouvelle terre, se répétait-il. Ce que Barbar ne savait pas encore, c'est que le nomade n'est pas en recherche d'un asile, le nomade porte son refuge en lui, il est lui-même refuge à l'intérieur de lui et il n'a pas besoin d'une terre pour s'enraciner. Le Nomade est enraciné à l'Univers par l'esprit, ses pieds sont libres, seule son âme est accrochée aux nuages.

Barbar est sorti attendre l'aube, son rituel évident. Il remarqua que l'obscurité autour de lui était la même à cet instant que lorsque le soleil se couche.

Autant il craignait le tomber du jour, autant il était confiant au lever. C'était pourtant la même pénombre, la même obscurité. Le coucher du soleil était cependant un moment déclinant, le jour s'enfonçait dans la nuit, chaque minute devenait plus sombre, alors qu'à l'aube, le jour s'extirpait des draps noirs et chaque minute devenait plus lumineuse. Le soir était un jour finissant, quand l'aube était un jour en devenir. Alors Barbar n'attendit pas la course des orangers au-dessus de l'océan, il prit la route immédiatement, heureux de savoir que le jour était en marche avec lui. Il allait vers une autre montagne, il devait être certain que ce n'était pas un lieu rocheux qu'il lui fallait, comme Petrus, son ami.

Les oiseaux accompagnaient ses pas, il écoutait les chants si différents et pourtant bien accordés et, au milieu des trilles, il entendit une voix d'homme.

— Ainsi oui ! A vous à présent ! Pâquerettes levez-vous, doucement, doucement !

Un homme géant, perché sur une pierre, dominait les prés et voyait ainsi jusqu'à l'océan. Il portait une couronne de feuilles, une longue toge bleu émeraude et les bracelets d'or autour de ses poignets tintaient à chacun de ses mouvements. Ses cheveux blancs couraient sur le bas de son visage en une barbe parfaitement taillée. Concentré, il fermait les yeux ou les dirigeait vers un lieu précis, en le pointant d'une de ses deux longues fougères, qu'il tenait dans les mains. Il s'interrompit, interdit, en apercevant Barbar.

— Que fais-tu ici ? Ce n'était pas prévu ! Attends, ne bouge pas d'un pouce ni même d'un pas, ce n'est pas ton tour mon garçon. Attends, c'est l'heure du vent !

Docile, et surtout curieux face à ce manège, Barbar ne bougea pas. Il observait les mouvements, l'enthousiasme et le sérieux de ce géant qui semblait régler la symphonie du monde.

— Je suis le Chef d'orchestre, annonça le géant avec une humilité contrastant avec sa majesté, je règle la symphonie de l'univers : je dis aux oiseaux de chanter, je demande au jour de se lever, je calme le vent quand il est trop tempêtueux. Je n'ordonne rien vois-tu, je règle, j'harmonise, pour que chacun s'entende et ne prenne pas la place de l'autre.

Barbar retint les derniers mots «la place». Ainsi cet homme pourrait-il lui dire où se trouvait sa place à lui. Qui mieux que cet homme-là pouvait le savoir ?

— Ta place ? Je ne sais pas, tu es le seul à savoir où elle est, même si ce n'est pas toi qui peut décider où elle sera. Elle n'est peut-être pas sur une montagne, tu n'es peut-être pas le fils de la pierre, peut-être es-tu le fils du vent. As-tu

rencontré le Fauconnier ? Il voit haut, il voit loin.
Il saura peut-être t'aider.

4

Pour trouver le Fauconnier, Barbar a observé le ciel et attendu. Longtemps.
Si longtemps que Barbar eut le temps d'apprendre le vol des oiseaux, leur ronde si bien dansée derrière laquelle il pouvait admirer le travail du Chef d'orchestre. Le soleil lui a brûlé la peau, et Barbar a bu les ombres apaisantes. Alors, au moment où il s'endormait presque, alangui par l'attente, il a trouvé le Fauconnier. Il descendait d'un cèdre en volant de branche en branche, sans bruit, sans impatience.

C'était un homme qui parlait peu, comme s'il avait peur d'écorcher le silence.
Il était de taille moyenne et son crâne était nu, l'âge avait dessiné de nombreux sillons sur son visage. Un long nez aquilin et la peau brune lui donnaient l'allure d'un aigle. Il était de cuir revêtu, un cuir marron avec des lanières éparses comme

23

des plumes bien rangées. Barbar remarqua ses longs doigts comme des serres. Il aurait pu avoir l'air sévère sans l'extrême douceur et profondeur de ses yeux d'un bleu aussi pur qu'un ciel d'hiver.

— Fauconnier, je cherche ma place. Elle n'est pas à la montagne, elle est peut-être chez toi ?

Le Fauconnier plongea son regard dans celui de Barbar.

— Non. Je ne crois pas que tu sois un homme de plumes et de vent, mais au moins d'ici tu verras autrement.

Le Fauconnier mena le Phénicien vers une machine volante, cachée derrière les arbres. Barbar suivit sans résistance, toujours curieux d'apprendre et de découvrir. Il était naturellement en confiance avec cet être silencieux. Il prit place dans l'engin aux côtés du Fauconnier qui réglait chaque détail, et les deux hommes glissèrent sur les courants des vents.

Jamais Barbar n'avait vu sa ville ainsi. Il survolait tout. Tout lui semblait infime dans l'immensité et l'immensité lui apparaissait sans limite, incontrôlable, et presque dangereuse. Il vit sa maison, il regardait la mer où il pêchait avec ses voisins. Jamais il n'avait imaginé la mer aussi grande. Si grande qu'elle se confondait avec l'horizon. Et Barbar se dit que sa place était peut-être là, sur cet océan ou même au-delà. Mais cette pensée le faisait encore frissonner. «Au-delà», c'était encore trop loin, trop grand pour lui aujourd'hui.

Ils atterrirent simplement, sur une autre colline, près d'un autre village. Le Fauconnier ne dit rien et remit à Barbar une plume en souriant. Une plume. Avec cette plume, Barbar gardait le souvenir de l'envol, de l'évasion. Et la possibilité de recommencer, peut-être ?

5

Barbar ne savait pas où il était, il savait simplement qu'il lui faudrait dormir dans un autre village s'il ne voulait pas voyager de nuit pour rentrer chez lui. Il n'était pas inquiet, il avait foi en l'hospitalité des Hommes et se dirigeait vers le centre de ce nouvel endroit, intrigué par des bruits de fracas.

— Ola l'ami attention !

Barbar évita de peu un morceau d'argile tranchant prêt à cisailler sa peau. Le potier s'excusa et se présenta :

— Je suis Baal, potier. Personne ou presque ne passe à cet heure, c'est le moment que je choisis pour briser mes pots impropres à la vente. Que fais-tu ici ? Je ne t'ai jamais vu.

Barbar se présenta comme un voyageur, il demanda l'hospitalité pour la nuit et le potier accepta bien volontiers.

— J'ai besoin de bras solides pour le marché demain, tu viendras avec moi et tu gagneras ton pain par ton travail.

Barbar resta le lendemain pour le marché et aussi les jours suivants. Il passa de longues heures à ranger les pots dans la boutique de Baal et il avait l'impression d'être comme l'un de ces pots : fort en apparence mais vide à l'intérieur.

— Baal, apprends-moi, je veux travailler pour toi, je ne veux pas rentrer chez moi. Je me sens aussi vide et creux que tes pots naissants.

Alors Baal apprit à Barbar à façonner la terre. Il lui apprit que, comme Dieu façonnant les Hommes, le potier ne créait pas que des pots parfaits.

— Comme les Hommes, il existe des pots de toutes sortes : beaux, fragiles, utiles, dangereux ou coupants, rassurants et doux... Mais tu sais Barbar, rien n'est perdu. Jamais. Si c'est imparfait, tu brises, tu remets à l'eau, tu purifies l'argile et tu refaçonnes.
— Tu brises ?
— Oui. Tu détruis le moule et tu remets à l'eau. N'aie jamais peur de tout recommencer. Quand tu recommences, ce n'est pas toujours parce que

tu juges ce que tu as fait auparavant imparfait. Recommence aussi quand tu sais que tu peux faire mieux. Recommence quand tu sais que ta nouvelle création te ressemble, qu'elle ressemble à celui que tu es au moment où tu crées.

Alors Barbar apprit à refaçonner les pots, à modeler autrement, à s'adapter aux courants. Il apprit l'humilité devant ce que l'on crée, il apprit à recommencer ce qui était imparfait, il apprit qu'il ne fallait pas hésiter à briser pour mieux reconstruire, et que dans ses mains, il possédait le pouvoir de bâtir.

6

Chez le potier, un homme venait chaque jeudi, un prieur.

— On ne sait pas ce en quoi il croit, il prie tous les dieux selon les jours et les saisons, selon peut-être aussi son humeur, mon garçon.

Barbar n'avait jamais vu de prieur. Il parlait pourtant lui-même à l'univers, mais il n'aurait jamais pensé que cela puisse être un métier de prier toute la journée. Le prieur parlait d'une voix douce et son visage était lumineux, ses gestes lents et précis, précieux. Il achetait chaque semaine un pot différent. Que peut-il bien faire de tous ces pots ? Baal prétend que ce qui intéresse le prieur ce n'est pas le pot, c'est celui qui le vend.

— Tu t'appelles Barbar c'est bien cela ?

— Oui. Et toi comment t'appelles-tu ?

— On me nomme Prieur. M'appelleras-tu ainsi toi aussi ?

— Je t'appellerai du nom que tu te donneras toi.

Le prieur ne répondit pas et sourit. Ce jour-là, il n'acheta aucun pot et quand il revint le jeudi suivant, il savait que Barbar, intrigué, l'attendrait.

— Les autres potiers se moquent de moi je le sais mais je me moque à mon tour de cela. Je prie pour eux sais-tu ? Ma vie a un sens.

Barbar comprenait. Comme le chef d'orchestre, le prieur se sentait utile aux autres. Et soudain, Barbar souhaita plus que tout connaître ce sentiment de plénitude, lui qui se sentait aussi creux que les pots. Il voulait être utile.

— Prieur, devient-on prieur ?

— On devient ce que l'on est mon garçon, ne te l'a-t-on jamais dit ? Si tu es né prieur, alors viendra le moment où tu le deviendras, même malgré toi.

— Je ne sais pas encore qui je suis, je suis en quête de moi. Laisse-moi te suivre et apprends-moi à prier.

Le Prieur sembla hésiter. En réalité, il testait Barbar.

— Personne ne vient jamais avec moi car je

préfère être seul. Mais je veux bien faire une exception pour toi, à condition que tu me donnes un pot. Si tu me donnes le bon pot, celui que j'attends, alors tu pourras venir avec moi.

Barbar aimait les défis, il prit le pot qu'il venait de terminer. Après ces longues semaines d'apprentissage, son talent s'était affiné et ce pot était ce qu'il avait réussi de mieux. Même Baal avait loué la finesse de son travail et avait affirmé qu'il pourrait le vendre un prix important. Barbar prit le pot, fit mine de le tendre au prieur puis le brisa sur son genou. Alors, il remit les morceaux au prieur qui les accepta, l'oeil brillant de malice.

— Viens mon garçon, suis-moi. Tu es prêt.

Barbar suivit le prieur et découvrit de longs silences, de longues solitudes. Avant l'aube, il priait, et il priait encore quand le soleil glissait derrière la forêt. Le prieur n'allait plus au village, il priait avec Barbar et cela semblait lui suffire. Mais Barbar, devenait fou de ce silence.

— Prieur, tu me demandes de prier pour les autres ? En réalité, je ne sais même pas prier pour moi ! Je ne t'ai pas suivi pour être seul !
— Tu n'es pas seul Barbar, tu ne l'es jamais, tu es avec moi, tu es avec les dieux, toi-même au fond, si tu regardes bien, tu es l'un d'eux.
— Tes dieux ne me parlent pas !
— Les dieux te parlent Barbar, c'est juste que tu

ne les entends pas.

— Pardonne-moi Prieur, je veux partir.

Alors le prieur entra en colère :

— Tu n'as pas le droit de m'abandonner ! J'étais seul et heureux et j'ai accepté que tu viennes alors ma vie a changé ! J'ai pris goût à ta présence, comment vais-je m'en passer si tu pars ?

Alors Barbar est resté, le prieur avait instillé en lui le venin de la culpabilité.

Barbar est resté mais il n'était plus réellement lui-même désormais. Il devenait une ombre, un esclave de son chagrin, emmuré dans l'affection désolante du prieur. Le prieur n'était pas un homme mauvais, c'était un homme triste et il espérait guérir sa peine en puisant la force du Phénicien, mais le Phénicien devenait exsangue, il dépérissait en silence, jamais le sombre de sa nuit intérieure n'avait été aussi profond. Il repensait parfois à Petrus qui l'avait laissé partir parce qu'il l'aimait. Il comprenait que le prieur l'aimait mal, il savait que rester, c'était les condamner tous les deux mais il était paralysé. A l'aube pourtant, il se l'était juré, il partirait. S'il ne partait pas, il finirait par mourir et par tuer ce qu'il y avait de bon dans le prieur, et Barbar ne voulait pas mourir, il ne voulait pas que le prieur meure.

— Pardonne-moi.

Le prieur était assis près de Barbar, autour du feu.

— Pardonne-moi Prieur. Je pars aujourd'hui. Je pars pour te libérer de la honte de cette prison où tu m'as emmuré. J'ai besoin de te libérer pour retrouver ma propre liberté. Je t'en prie, accepte mon départ.

Le prieur ne dit pas un mot, il pleurait. Alors Barbar se leva, il prit son sac, s'approcha du prieur, l'embrassa sur le front :

— Merci Prieur pour tout ce que tu m'as appris.

Et il ne le revit jamais.

7

Barbar ne retourna pas chez le potier, il ressentit le besoin de rentrer chez lui. Il prit la route, et échangea ses bras, son travail, contre une nuit dans un abri. Toujours il partait à l'aube et un soir enfin, il arriva chez lui. Ses voisins lui firent fête, et avouèrent qu'ils s'étaient inquiétés pour lui.

Barbar aimait le repos de son logis. Il arrangea sa maison, acheta un tour de potier et en fit son métier. Il planta des arbrisseaux en songeant que plus tard, quand il serait bien vieux, il pourrait s'endormir à l'ombre de ses cèdres et de ses figuiers. Son esprit s'était un peu apaisé après toutes ces rencontres passées et il se plut à croire que sa place finalement était là, juste là, dans son village, à être potier.

Un jour de marché, un vieil homme vint frapper à sa porte.

— On dit Barbar, que tes pots sont les plus solides et les plus beaux.

— Ce n'est qu'un peu de terre que je mets en forme afin que chacun puisse les remplir.

— J'ai besoin de mille pots, pourrais-tu me les fournir ?

— Je le pourrais oui, mais il me faudra du temps pour préparer tout cela.

— Je te donne une année. Dans une année je reviendrai et je veux mille pots, tous identiques, semblables à celui que je vois là.

Sitôt l'homme partit, Barbar se mit à la tâche. On le prit pour un fou, lui rappelant qu'il n'avait aucune garantie, que le vieil homme ne l'avait pas payé, il allait perdre son temps : le vieil homme ne reviendrait pas, il serait mort avant et, s'il revenait, il ne le paierait pas. Barbar n'écoutait personne, il n'écoutait personne car il aimait cette tâche et ce nouveau défi : fabriquer mille pots tous identiques. Il était heureux de la confiance donnée, il était heureux de remplir ses journées.

Les pots s'amoncelaient autour de la maison, dans les placards, sous le lit. Et quand l'année fut écoulée, Barbar attendit sur le banc devant chez lui. Les voisins passaient, beaucoup pour se moquer.

— Il viendra. Je sais qu'il viendra.

Et, en effet, le vieil homme vint. Il vint dans un carrosse magnifique et quand il en sortit, on le reconnut avec peine, tant il était habillé en élégance et en démesure. Il sourit à Barbar et lui remit un coffre. Le coffre débordait de pièces d'or et de pierres précieuses. Le vieil homme remit aussi à Barbar une bourse de pièces grises.

— Dans cette bourse, tu trouveras mille pièces d'argent. Chaque pièce pour un pot. Je t'offre aussi ce coffre, non pour ton travail, non pour ta patience, mais pour ta foi en moi.

Une brise délicate brisa l'intimité du carrosse et souleva un rideau devant la fenêtre. Barbar aperçut une femme. Il la remarqua à peine, elle était presque voilée, elle était richement parée. Le petit homme sourit :

— Je suis le marchand d'or et celle que tu aperçois est ma fille. Elle est en âge de se marier et elle a de nombreux prétendants car beaucoup d'hommes désirent mon argent. Alors j'attends. Je sais que le bon mari viendra pour elle, au bon moment.

Barbar ne désirait pas l'argent, il voulait une femme à aimer, une femme pour fonder une famille. On lui disait si souvent que le bonheur était dans le mariage ; Barbar voulait se marier.

— Marchand reprends ton or, ton coffre, tes pierres et donne-moi ta fille, non en échange de mes pots, non en échange de mon argent, mais pour ta foi en moi.

— Je te la donne pour ta sagesse, car un amour vaut plus que de l'or et peu d'hommes connaissent cette évidence.

Mais était-ce de l'amour ? Barbar ne le savait pas et il ignorait son ignorance, lui qui n'avait jamais eu que des brouillons d'amour, des ébauches de sentiments, comment aurait-il pu connaître l'émerveillement et la turbulence d'aimer ?

La fille du marchand d'or sortit de la voiture, elle déposa ses parures et ses dorures dans le coffre. Elle obéit à son père, quittant cet homme pour un autre, sans se poser de questions. Elle qui n'avait jamais connu la liberté, comment aurait-elle pu savoir qu'elle vivait dans un corset ?

Barbar lui prit la main, elle sourit un peu, et la nuit se referma sur eux, scellant leur hymen plus sûrement qu'une promesse ou qu'un contrat de papier.

Ils se marièrent dès le lendemain et moins d'une année plus tard, au milieu de centaines d'autres pots, un enfant vint au monde, puis un autre l'année suivante et encore un autre, et un quatrième juste avant le cinquième et le petit dernier. Barbar devint un père de famille honorable, il devint un notable et ses pots de mille formes, de mille couleurs, de mille ornements, ses pots se vendaient à prix d'or. De l'or justement il y en avait des caisses pleines dans la maison, Barbar en hérita à la mort du vieil homme, il devint à son tour un marchand d'or et le tour de potier resta endormi à l'ombre des figuiers.

Son épouse était d'humeur égale. Personne n'aurait su dire si elle était heureuse ou si elle ne l'était pas, si ses enfants la réjouissaient ou s'ils l'ennuyaient, on ne le savait pas. Elle n'était ni belle ni laide, ni jeune ni vieille, elle était juste là, brune et sombre comme une nuit sans Lune. Barbar prétendait l'aimer, sans oser s'avouer que ce n'était pas vrai et elle, ne disait rien. Barbar lui-même restait finalement secret et, s'il pouvait paraître heureux, chaque fois qu'il allait en montagne pour revoir Petrus, ce dernier lui répétait : « Réalise toi mon ami, ton coeur ne sourit pas.»

Le coeur de Barbar ne souriait pas en effet et jamais plus il ne re-croisa le chef d'orchestre sur son chemin, peut-être avait-il perdu l'harmonie du monde et son coeur le savait, ne battant plus qu'à un rythme désordonné ?

A l'aube d'un matin bleu, Barbar se demanda si le fauconnier s'était envolé et vers quelle contrée. Il se demanda si le prieur priait toujours et si le potier avait perfectionné son art. Puis il regarda la mer et s'interrogea : «Je ne suis pas un homme de la montagne, je ne suis pas un homme du vent, mais peut-être suis-je un homme de l'océan ? Avant d'être totalement vieux, moi qui le suis déjà

un peu, j'ai besoin de savoir qui je suis.»
Il caressa la plume toujours dans la poche de sa
chemise tel un talisman ou un passeport pour une
nouvelle vie. Il songea à la mer, à ce qu'il y avait
«au-delà». Alors Barbar laissa un mot sur la table
près du pain, et il descendit jusqu'au port pour
rejoindre les vagues. Il serait de retour, c'était
promis, avant la nuit.

8

L'eau était douce et fraîche, le matin était clair et s'annonçait joyeux. Le fond du bateau caressait l'onde et le pas de Barbar était décidé. Il embarqua.
Les clapotis doucement le berçaient et c'est à peine si le Phénicien osa casser les vagues de ses rames. Il les enfonça pourtant avec assurance et gaité. Il regardait sa terre s'éloigner à chaque mouvement de ses bras et il souriait. Ce calme. Ce calme intérieur bouillant de l'excitation de la nouveauté.

Barbar salua les pêcheurs, il salua même les oiseaux et les poissons qu'il devinait plus qu'il ne voyait. Ses cheveux étaient blancs aujourd'hui, ses bras moins puissants, mais il était aussi heureux qu'un enfant insouciant. Il sortit du port et le vent lui apporta le changement de mesure. Il était seul. Il trembla un peu. A peine. Ce n'est pas la solitude qui l'effrayait, c'était le vide et cet inconnu au-dessous de lui. Alors il se concentra sur la rive que l'on apercevait toujours au loin. Et si un ressac la tenait éloignée de ses yeux, il pouvait l'imaginer et se rassurer en se répétant qu'elle était là. La rive était toujours là.

Un faucon traversa le ciel. Appartenait-il au Fauconnier ? Barbar caressa sa plume. Il s'était souvent demandé pourquoi le Fauconnier lui avait remis cette plume. Certainement un souvenir. Certainement.

— Au secours ! A l'aide ! Je vous en prie, aidez-moi !

Barbar sursauta en entendant les cris mais il n'apercevait personne. Rien d'autre qu'une bouée. Il la contourna. Un naufragé s'y tenait désespérément, l'air hagard et effrayé. Barbar ne posa aucune question, il attrapa le jeune homme et le hissa dans la barque. Grand, fort, il prit rapidement de l'assurance, une fois à l'abri sur les planches du bateau.

— Qui es-tu mon garçon et que faisais-tu agrippé à cette bouée, est-il possible que tu sois un naufragé ? Si près du port...
— Grand-père, ramène moi sur la rive.
— Réponds d'abord à mes questions : depuis combien de temps es-tu ici ? Combien de bateaux as-tu vu passer ?
— Grand-père, j'ai froid, ramène moi sur la rive !

— Nous sommes juste à côté du port, tu es fort et vaillant, je ne comprends pas. En nageant tu aurais rapidement pu regagner la rive.
— J'ai faim et soif, je suis fatigué et las de tes questions, ramène-moi !
— Je n'ai pas prévu de rentrer maintenant, j'ai attendu des années avant de venir jusqu'ici, je ne peux pas faire demi-tour immédiatement, je crains encore de ne pas avoir le courage de repartir si je rentre. Bois un peu, tiens et partage mon repas si tu veux.

Le jeune naufragé attrapa le pain, le fromage et les abricots et avala d'un trait, plus qu'il ne mâcha. Il ne laissa rien. Devant le regard interdit du Phénicien, il prit la gourde et la vida rapidement.

— D'accord Grand-père, ne me ramène pas maintenant. Emmène-moi avec toi.

Barbar hésitait. Il n'avait guère envie de s'embarrasser d'un si encombrant personnage, particulièrement grossier.

— Tu es jeune et fort mon garçon, je t'assure que la rive est juste là, en dix minutes de nage, pas davantage, tu seras arrivé. Il y a aussi de nombreux pêcheurs dans leur barque, ils pourront t'aider, moi j'ai quelque chose à terminer, je rentrerai juste avant la nuit, pas après, mais pas avant non plus.

Le naufragé insista, il voulait rester, il voulait la

compagnie de Barbar, pour apprendre, disait-il, ce qu'il y avait dans cette cité. Alors Barbar se souvint qu'un jour lui aussi avait demandé au prieur de le suivre, et il accepta.

La journée s'étirait.
Le naufragé posait mille questions, et mille fois Barbar répondait. Il en avait oublié pourquoi il était parti de chez lui à l'aube, tant il devait se concentrer sur les questions du jeune homme et non sur les siennes, qui débordaient pourtant de son esprit. Le naufragé demandait des détails sur chacun des habitants et il comprit vite que le Phénicien était un marchand d'or, il questionnait sans répit. Quand le Soleil déclina rapidement à l'horizon, Barbar annonça leur retour.

— Laisse-moi les rames Grand-père, tu dois être fatigué, je te ramène.

Le naufragé rama donc et Barbar le pressait, inquiet devant le jour s'assombrissant.

— Nous voilà déjà de retour à la bouée que nous avons quitté ce matin, rassure-toi Grand-père, ce ne sera plus long.

Alors, avec une extrême rapidité, le jeune homme se leva et assomma violemment Barbar d'un coup de rame.

La dernière chose que Barbar entendit, fut le bruit de son propre corps jeté à l'eau, puis le rire mauvais du jeune homme qu'il avait sauvé, qui lui avait dérobé tout ce qu'il avait à bord. Il entendit enfin cette phrase qui résonna en écho : «Maintenant c'est toi le naufragé, tu n'aurais jamais dû me sauver pauvre idiot, je ne veux pas de ta pitié, ni te devoir quoi que ce soit !»

9

La mer était noire et huileuse quand Barbar ouvrit les yeux. La nuit était pleine, la lune comme éteinte, on n'y voyait rien. Barbar était ballotté, attaché à la bouée par une corde, une corde qu'il avait emmenée le matin même. Le Phénicien était terrifié, il tremblait de froid. Il entendait le vent, il entendait le souffle terrifiant de la nuit et de l'obscurité. Barbar avait peur, si peur. Il était mortifié d'avoir été trahi. Pour concentrer son esprit il se répéta en boucle, tel un mantra, que le jour allait venir.

— L'aube revient toujours. L'aube revient toujours. L'aube revient toujours…

Il attendait, il patientait. Il savait qu'il lui fallait avoir foi. Une foi qu'il avait déjà explorée il y a de nombreuses années, en compagnie du prieur.

Barbar pensa à toute sa vie, à tout son chemin parcouru. Tout cela pour en arriver là, se demanda-t-il ? Que va penser sa femme, que vont penser ses enfants, ses voisins ? La mer devenait angoissante, des poissons s'approchaient de lui et le pinçaient de plus en plus souvent. Barbar chercha la rive des yeux mais il n'aperçut aucune lumière, autour de lui tout était désespérément sombre. Il s'aperçut avec effroi que la bouée n'était plus attachée. Barbar errait, tel un bouchon au milieu de l'océan, un bouchon flottant auquel il était lié. Les vagues se levaient, le vent hurlait et Barbar priait. Il priait de toutes ses forces, il priait comme si sa vie en dépendait.

— Dieux écoutez-moi, je vous en prie, aidez-moi. Prieur pardonne-moi. J'ai foi. J'ai foi, aidez-moi. L'aube revient toujours, l'aube revient toujours. Dieux, donnez-moi un signe. J'en appelle à tous les dieux, je sais qu'il y en a forcément un qui voudra me répondre. Aidez-moi ! Je demande votre aide, je l'accepte et si votre souhait est que je meure, alors je vous en prie, faites moi mourir maintenant sans souffrance, j'accepte votre sentence.

Alors, la corde se dénoua de sa taille.
Barbar glissa sous la bouée.

Et il se noya.

10

— Tu es le plus gros poisson que je pêche aujourd'hui mon garçon.

Barbar se réveilla dans une barque, le corps endolori, près d'un pêcheur. Un pêcheur un peu étrange, vêtu d'un habit couleur gris pâle et or et d'un chapeau de paille décousu. Son sourire était lumineux. Il était assis et fumait une pipe, testant parfois l'une ou l'autre de ses dizaines de lignes tendues autour du petit bateau.

— Tu as beaucoup de lignes Pêcheur mais je ne vois aucun poisson dans ta barque.
— Sais-tu comment les maori appelaient les hommes autrefois ? Les poissons aux longues jambes. Je t'ai pêché aujourd'hui !

Barbar s'inquiéta du rire du pêcheur. Pourquoi avait-il quitté sa vie si tranquille, son foyer rassurant ? A l'heure qu'il est, il aurait pu être au creux de son fauteuil, bien au chaud près de l'odeur fumante du café. Au lieu de cela, il avait voulu courir l'aventure. Sa barbe était drue, son corps douloureux, ses lèvres étaient gercées par la soif et son estomac le tenaillait de faim.

— Mange fils, voici du fromage et des galettes.

Barbar hésita un instant, mais il avait si faim qu'il accepta.

Le pêcheur remonta une ligne. Aucun hameçon ne l'accompagnait, c'était un simple fil de soie qui pendait dans l'eau. Que pouvait pêcher cet homme mystérieux ?

A la huitième ligne remontée, Barbar aperçut une étoile de mer jaune pâle recroquevillée autour du fil de soie, aussi léger qu'un fil d'araignée. Avec d'infinies précautions, le pêcheur la détacha, il la regarda de près, la porta à son oreille, sourit et la plaça dans un petit sac de tissu à ses pieds. Les deux hommes se regardèrent longtemps en silence. Barbar n'osait pas poser de question, mais le pêcheur devina combien il était intrigué.

— Je suis un pêcheur d'étoiles. Sais-tu que les étoiles de mer sont des rêves échoués ? Je les pêche pour les remettre dans le ciel, là où est leur place, là où elles étaient à l'origine. Chaque fois que tu trouves une étoile de mer, rappelle-toi que c'est un rêve qui a été abandonné.

— Mais comment les remettre dans le ciel, c'est si loin, si haut !

— Seule la Gardienne peut le faire. Je pêche les étoiles et quand mon sac est plein, je rejoins ma Gardienne.

— Il n'y en a qu'une seule ?

— Il n'y a qu'une seule gardienne pour un seul pêcheur d'étoiles, l'une ne va pas sans l'autre. Si tu trouves à ton tour une étoile, demande-toi quel rêve tu as abandonné, c'est que je l'aurais mise sur ton chemin pour t'interroger, pourtant je te regarde et, c'est étrange, on dirait que tu ne t'es jamais autorisé à rêver. Il n'y a aucune étoile qui luit dans l'obscurité de tes pupilles.

— Où sommes-nous pêcheur ?

— Moi je suis sur ma route Barbar, mais toi, on dirait bien que tu es perdu. Toujours est perdu celui qui n'a pas la lueur d'une étoile pour le guider dans le gouffre de ses nuits. Un pêcheur d'étoiles n'a pas un seul rêve, il les a tous, alors je ne suis jamais perdu.

— Apprends-moi à devenir pêcheur d'étoiles.

— C'est un métier qui ne s'apprend pas, c'est comme la poésie mon ami, c'est une façon de voir le monde, de l'entendre respirer, mais reste près de moi et tu sauras si tu es de ceux-là.

Barbar resta et il apprit. Longtemps il regarda les flots et il n'y vit rien d'autre que les vagues. Un jour pourtant, il découvrit une danse dans les mouvements d'eau, une autre fois c'est la pluie qui dessina pour lui des féeries. Il apprenait à regarder le monde autrement, à le ressentir vibrer en lui, à le voir chanter, à l'entendre danser, et à danser avec lui. Et enfin, une nuit, au fond de l'océan, il aperçut une étoile mourante, il plongea et l'étreignit, alors à cet instant, il sut qu'elle n'était pas à lui. Il écoutait l'étoile, Il n'entendit rien. Il la regarda et comprit finalement ce qu'elle était, ce qu'elle était avant de tomber. C'était le rêve d'une femme inconnue. C'était un rêve de liberté, le mariage l'avait enfermée.

— Prends-la Pêcheur, demande à ta gardienne de remettre cette étoile dans le ciel s'il te plaît.
— Impossible, il est trop tard pour elle, cette étoile a trop attendu.
— Ce n'est pas possible, il ne peut pas être trop tard, accroche-là !
— Non Barbar. Cela arrive quelquefois, il est des rêves pour lesquels on ne peut plus rien, leur heure est dépassée. A force d'attendre, le rêve, et donc la vie, se sont fanés. Ce n'est pas si long une vie d'Homme. C'est une femme de ton village, elle est vieille aujourd'hui, c'est une femme sans courage qui n'a jamais osé vivre ce qu'elle voulait.
— Puisque tu refuses alors je deviendrai moi aussi un pêcheur d'étoiles et je la remettrai dans le ciel.
— Bien, qu'il en soit ainsi, si tu penses que c'est ton chemin. Mais il te reste une étape avant de devenir réellement pêcheur, si c'est ce que tu dois être car rien ne dit que tu le sois : tu dois trouver ta gardienne. Rassure-toi, si tu n'y arrives pas, c'est elle qui te trouvera. Nos chemins se séparent

donc ici.

Le pêcheur plongea et ses lignes disparurent avec lui. La nuit tomba soudainement, Barbar resta seul dans la barque au milieu de l'océan. Très vite un orage éclata, une tempête torrentielle, et Barbar, qui ne savait pas encore lire parfaitement dans les étoiles semblait à nouveau perdu. Cette fois cependant, il sut qu'il surmonterait la nuit et il sut qu'il surmonterait la tempête, il se répétait qu'il y avait forcément une étoile pour le guider. Il scruta le ciel mais ne vit rien, rien d'autre qu'une lumière attirante. Il la suivit en confiance.

C'était la lumière d'un phare.

11

Barbar échoua sur une île minuscule, un ilôt au sable d'un blanc lumineux. Un phare aussi clair que la plage s'élevait doucement vers le ciel. Dès que Barbar posa le pied sur l'île, la lumière du phare s'éteignit, plongeant le Phénicien dans la pénombre. Epuisé par sa lutte avec l'Océan, il s'allongea sur le sable et s'endormit.

A l'aube, il ouvrit les yeux et, la première chose qu'il vit, furent ses yeux verts, des yeux immenses et ronds comme ceux des chats, des yeux qui semblaient lire dans la nuit des âmes. L'inconnue lui donna à boire sans un mot. Barbar la trouva belle, un peu sauvage, une peau de lune, les pieds nus, longue et pleine, les cheveux en tempête. Elle portait une robe courte, bleue nuit, et les grains de sable qui pailletaient son corps la faisait ressembler à une aube brillante et étoilée. Elle retourna vers son phare, toujours en silence et Barbar la suivit. Il aperçut à travers la porte ouverte, des centaines de livres qui recouvraient toutes les marches du phare. C'était un phare bibliothèque.

— Qui es-tu ? Et où suis-je ?

Elle ne répondit pas.

— Merci pour l'eau.

Elle avança.

— Tu parles ma langue ? Comprends-tu ce que je dis ?

Alors elle se retourna. Debout, sur la première marche de son phare, elle arrivait presque à sa hauteur et il mesura la profondeur de son regard parsemé d'or. Elle ferma la porte. Au pied de la porte en bois, grignotée par le ressac, un livre laissait le vent jouer dans ses pages. Barbar prit l'ouvrage, s'adossa sur le phare, les pieds glissés sous le sable tiède et commença sa lecture : «Sur les rives d'or de la Phénicie, Barbar attend l'aube...»

Le livre racontait sa vie, tel qu'il était à 20 ans, un jeune homme rêvant de trouver sa place, prêt à tous les voyages, à toutes les rencontres, pour se rencontrer lui-même. Il lut toute la journée et ne vit pas le temps passer. Quand le soir s'annonça, il frappa à la porte du phare mais personne n'ouvrit. Il vit le feu s'allumer dans la nuit pour guider les bateaux, il lui sembla apercevoir l'ombre de la femme aux yeux verts, mais elle ne vint pas vers lui, elle ne le regarda pas.

A l'aube, elle était à ses côtés. Elle attendait qu'il s'éveille et elle lui donna de l'eau pure, des fruits, du pain frais et de la viande séchée. Où trouvait-elle tout cela ? Ils semblaient être les seuls sur l'île et Barbar ne voyait ni blé, ni animaux, ni arbres fruitiers. Elle le regardait manger en silence et Barbar devina son sourire, une esquisse de sourire, comme une vague légère.

— J'ai aimé ton livre. Je connaissais l'histoire et cependant je l'ai découverte et j'ai appris beaucoup.

Elle se leva et déposa à ses pieds un autre livre, avant de retourner s'enfermer dans son phare. Le second livre racontait l'amitié de Barbar et de Petrus. L'histoire lui paraissait plus belle encore d'être lue. Il songeait à son ami en montagne, il découvrait son quotidien, son chagrin à son départ, son sourire en pensant à lui.

La lune dessinait le ciel quand Barbar finit le livre. Il voulut le rendre à la Gardienne du phare et il remarqua une chose étrange : la porte s'était reculée d'une marche, désormais, depuis la veille, il fallait gravir deux marches et non une seule pour atteindre la poignée. Il frappa, mais elle ne répondit pas. Il n'osa pas ouvrir lui-même la porte. Il ne souhaitait ni l'effrayer, ni la déranger.

Mais il l'aperçut entre les flammes du brasier. Se rendait-il compte qu'il avait apprivoisé la nuit ? Se rendait-il compte Barbar le Phénicien, qu'il ne craignait plus l'obscurité ? Il s'assit sur la dernière marche et il parla à voix haute en espérant qu'elle l'entende. Parfois, il parlait dans une autre langue, redoutant qu'elle ne le comprenne pas, puis il revenait à sa langue originelle. Il racontait ce qu'il avait ressenti à la lecture de ce livre, il racontait Petrus et l'odeur de thym sauvage, il racontait ses vingt ans et ses réveils à l'aube. Il avouait qu'il appelait secrètement la Gardienne «Aube» car c'est toujours aux premières lueurs du jour qu'elle s'était présentée à lui. Il parlait et il ne l'entendit pas arriver. Elle était assise derrière lui et elle l'écoutait en silence. Il se retourna enfin, elle lui sourit et la lune n'eut pas plus d'éclat. Elle était plus jeune que lui, lui qui était si vieux déjà, sans doute avait-il vécu bien plus de la moitié de sa vie. Elle était plus jeune que sa femme, la fille du marchand d'or. Sa femme. Il l'avait presque oubliée et il s'en voulut tellement qu'il prétendit l'aimer encore, même si l'amour avec elle n'était qu'une illusion.

— Tu m'écoutes depuis longtemps ?

Elle sourit.

— J'aime tes livres étranges qui racontent ma vie et pourtant m'enseignent tout ce que je n'ai pas vu sur le chemin. M'en donneras tu encore ?
Elle acquiesça de la tête.

— Tu me nourris d'histoires et de fruits. Que pourrais-je te donner moi ?

Et, pour la première fois, elle parla :

— Donne-moi du rêve, raconte-moi des histoires. Demain. Ici.

Sur ses derniers mots, elle se releva et partit. En refermant la porte, cette dernière avait encore reculé d'une marche et un livre était posé sur la margelle. Barbar prit l'ouvrage au titre qui le réjouit : «Le chef d'orchestre» et il s'endormit au pied du phare, sur le sable doux.

Chaque jour le même rituel recommençait : la Gardienne lui apportait à manger à l'aube, Barbar lisait la journée et, à la nuit tombée, ils se retrouvaient tous les deux sur les marches du phare. Il lui racontait des histoires et elle écoutait, attentive, le questionnant parfois pour connaître un détail, pour pleurer d'émotion ou pour rire joyeusement. Et chaque soir, la porte reculait d'une marche, se rapprochant peu à peu du sommet. Quand Barbar raconta sa rencontre avec le fauconnier, il montra la belle et longue plume. La Gardienne eut un tel regard émerveillé, que le Phénicien lui offrit. C'était ce qu'il avait de plus précieux, c'était ce qu'il avait de plus ancien. La Gardienne accepta le cadeau comme une offrande, le serra fortement dans ses bras.
— Merci.

Et elle retourna dans la nuit.

Désormais, Barbar pouvait voir la Gardienne écrire toute la journée en haut de son phare, face à l'Océan, elle écrivait avec la plume de Barbar et, de ce jour, les livres qu'il lisait et qu'elle écrivait, était mille fois plus empreint de poésie. Elle écrivait l'histoire et la vie du Phénicien, sous de multiples formes et, Barbar l'ignorait, mais c'était sa plus belle façon de lui dire combien elle l'aimait. Elle l'avait aimé dès les premiers instants, quand elle l'avait vu échoué sur sa plage et qu'elle l'avait senti conquérant. Elle l'avait aimé dès ses premiers rires, dès ses premiers mots. Elle l'avait aimé inconditionnellement et elle remerciait la mer et le vent de lui avoir amené cet amour auquel elle ne croyait plus depuis longtemps.

Lui, était encore trop prisonnier de ses croyances et trop orgueilleux pour admettre ses erreurs. Il s'était marié il y a longtemps et jamais il n'aurait voulu reconnaître que la fille du marchand d'or n'était pas celle qu'il lui fallait. Il masquait ses défauts en qualités, il s'inventait des histoires, il édulcorait sa vie, tout plutôt qu'avouer qu'il s'était marié sans la connaître, pour bâtir vite une famille. Aussi, quand la Gardienne avait écrit l'histoire de la rencontre avec la fille du marchand d'or, il avait refusé de parler de ce chapitre là, sinon pour lui dire qu'elle s'était trompée, qu'elle ne connaissait pas la vérité. La Gardienne n'avait rien dit, elle n'avait même pas répliqué qu'elle n'inventait jamais ses histoires, elle se contentait de retranscrire ce qu'elle lisait dans le fond des âmes. Et ce qu'elle lisait dans l'âme du Phénicien, c'est qu'il n'aimait qu'elle, la Gardienne, et qu'il tentait d'étouffer cet amour qui l'effrayait parce que cela lui demandait de bouleverser sa vie et que sa plus grande peur désormais, était de la perdre.

Un jour, à nouveau, comme lorsqu'il était enfant, il se leva avant l'aube, il se leva avant Aube. Il voulait la voir arriver vers lui. Il la regarda près du brasier qui s'éteignait, elle regardait l'Océan et respirait ses embruns puis descendit les nombreuses marches de son phare. Il la regardait encore marcher pieds nus dans le sable, ce sable blanc qui illuminait sa peau de lune. Elle souriait, ses cheveux en désordre portait le goût du vent fou, elle s'agenouilla près de lui, planta ses yeux dans les siens et il murmura en lui tenant la main :

— Dieu que tu es belle Aube !

Chaque jour Barbar lui répétait son admiration pour ses courbes, son regard, la douceur des ses mains. Le Phénicien lui disait qu'elle était belle et la Gardienne le devenait. Quand vint le moment de raconter l'histoire du pêcheur d'étoiles, Barbar demanda :

— Es-tu une gardienne de pêcheur d'étoiles ?
Non, fit-elle de la tête. Elle prit une poignée de

sable aussi fin que peut l'être la poussière de corail et elle le fit glisser, en sablier, dans la paume ouverte du Phénicien.

— Tu n'es pas un pêcheur d'étoiles Barbar, tu es un pêcheur de temps.

Barbar apprit alors à apprivoiser le temps, à compter les grains de sable, à compter les étoiles, il apprit à attendre sans compter, il apprit, enfin, à aimer sans attendre.

12

Depuis combien de temps Barbar était-il sur l'île de la Gardienne ? Chaque soir il gravissait plus de marches, il ne les comptait plus. Un soir, devant le phare en sommeil, la Gardienne le prit par la main et monta avec lui toutes les marches du phare, elle l'emmena tout en haut de la tour et devant le brasier, elle fit glisser sa chemise et se donna à lui. Pour la première fois, il entendit le chant de la Gardienne, sa voix comme un murmure qui se mêlait à la danse de la mer et Barbar, qui se croyait si vieux, apprit l'Amour et comprit l'éternité.

Il aimait son regard, son sourire, il aimait la regarder écrire, il aimait ses silences, ses tempêtes aussi quand elle s'isolait sans lui, en claquant la porte. Il attendait qu'elle revienne. L'aube revient toujours. Aube revient toujours. Elle revenait toujours, mais toujours il craignait qu'elle ne revienne jamais. Et c'est dans cette peur qu'il mesurait combien il était amoureux. Il était heureux. Il ne se demandait plus ce qu'il voulait, chaque jour lui était précieux. Il aimait. Et cette fois il le savait, il le criait et il voulait que le monde entier le sache. Quand il regardait le ciel à présent, toutes les étoiles lui parlaient et il pouvait voir les milliers de rêves de chacun. L'amour procure des pouvoirs bien surprenants. Quand il écoutait le Vent, il devinait le musicien qui sculptait le souffle de l'univers. Il se souvint alors que dans sa poche, il y avait l'étoile d'une inconnue et qu'il s'était promis de la remettre dans le ciel.

— Barbar, je ne peux rien pour cette étoile, il est trop tard pour elle, regarde sa couleur. Et cette femme dont t'a parlée le pêcheur d'étoiles, tu ne la connais pas, mais tu me connais moi.

Elle finit sa phrase en tremblant et, timidement, sortit de sa poche une étoile couleur or et la plaça dans la large main du Phénicien.

— C'est une étoile d'amour, c'est un rêve de vivre avec toi pour toujours...

Le Phénicien fit alors un geste qu'il devait regretter ensuite toute sa vie. Il baissa les yeux, hésita et, sans le savoir encore, à cet instant précis, par cette hésitation, il la perdit un peu et la luminosité de l'étoile faiblit.
— Je dois partir. Je dois rendre l'étoile éteinte ou

la donner à une autre gardienne peut-être pour la faire briller à nouveau, mais je reviendrai c'est promis. Attends-moi.

La Gardienne ne dit rien. Elle reprit son étoile des mains de Barbar, courut vers son phare, s'y enferma et, tout en haut, près du brasier crépitant, elle jeta violemment l'étoile à la mer. Quand elle fut certaine que Barbar ne pourrait ni l'entendre, ni la voir, elle se terra dans un coin de son abri, prostrée comme un animal blessé, et elle laissa ses larmes abondamment couler.

13

A l'aube, Barbar décida de partir. Pour la première fois, Aube, ne l'avait pas rejoint.

Il aperçut la Gardienne, cheveux en tempête devant le brasier très faible. Elle ne le regardait pas, elle ne le vit pas. Elle déposa du sable sur le feu pour l'éteindre totalement. Des grains de sable, des grains de temps. A force d'en déposer sur le brasier, il finirait par mourir, Barbar le savait mais il partit tout de même. L'orgueil ne l'avait pas quitté. Cet orgueil qui pousse à n'agir que pour soi, sans se soucier des dommages, persuadé que le reste du monde suivra son rythme et sa mesure.

Il connaissait le chemin et navigua jusqu'à son village. Le pêcheur d'étoiles lui avait dit que l'étoile appartenait à une femme de chez lui. Il naviguait sans peur. Quel changement pour lui qui avait tant redouté les flots autrefois. Il avait pourtant vieilli, beaucoup, et plus encore quand il posa à nouveau pied à terre, comme si le temps le rattrapait, comme si, éloigné de la Gardienne, il était soumis à une autre temporalité. Il semblait avoir vingt ou trente ans de plus, peut-être même davantage et, soudain, ses bras, ses jambes, son coeur, le firent souffrir.

Dans son village, personne ne le reconnut, on le croyait mort depuis si longtemps, noyé à la bouée. Barbar apprit que le naufragé malhonnête qui l'avait assommé, avait été puni. Ses enfants étaient devenus des grands-parents. Sa femme était enterrée depuis très longtemps. Peu après son départ, elle s'était remariée, elle avait été heureuse lui dit-on, bien plus heureuse qu'avec lui. Elle l'avait si vite oublié.

Barbar se sentit ridicule avec son étoile desséchée. Il déposa cette dernière dans un cimetière, après tout, l'étoile était morte depuis si longtemps. Elle n'avait été qu'un prétexte pour lui de partir et de revenir sur ses terres, qu'un moyen de gagner un peu de temps par peur de bouleverser sa vie. Barbar se demanda si son ami vivait toujours sur sa montagne, si le chef d'orchestre était encore en vie et si le fauconnier avait pris son envol. Il pensa au potier, il avait bien raison sur les Hommes si différents qui ont mille fois l'occasion de se refaçonner, à condition d'accepter la brisure, les fêlures. Il regarda autour de lui : il n'y avait plus rien pour lui dans son village, et Barbar se demanda pourquoi il était revenu, pourquoi il avait eu besoin encore de certitudes que son coeur connaissait. Il pensa à sa Gardienne qu'il avait laissée, il ressentit l'empreinte qu'elle avait gravé dans son coeur à jamais et il voulut être près d'elle à l'instant, s'endormir contre son corps tiède et lui raconter encore des histoires, écouter les siennes dans ses livres. Il voulait lui dire qu'elle avait raison, qu'il n'était pas un pêcheur d'étoiles et, que s'il ne savait pas encore ce qu'il était vraiment, pêcheur ou pas de temps, ce dont il était sûr c'est que sa place à jamais était près d'elle, pour l'éternité, lui qui savait désormais aimer sans compter. Il voulait lui dire qu'aucune autre étoile désormais ne compterait, sinon celle qu'il ferait briller au fond de ses yeux verts.

Et il reprit la mer.

14

Il ne rentra pas de suite malgré son désir. Il connaissait la patience, il lui restait à apprendre à aimer la solitude, à l'écouter. La nuit vint, il découvrit une nouvelle étoile dans le ciel, la sienne, c'était un désir de retrouver sa gardienne, c'était un rêve de vivre chaque instant de sa vie avec elle.

— As-tu appris tes leçons mon garçon ?

Barbar sursauta. Le pêcheur d'étoiles monta à bord de son navire, il n'était pas mouillé bien qu'il semblait venir de l'Océan.

— J'ai vu ton étoile. Tu es amoureux désormais. C'est bien. Qu'as-tu appris encore ?
— J'ai appris tant de choses et pourtant, je comprends que ma vie ne sera pas suffisante pour apprendre encore tout ce que j'ai besoin de savoir.
— C'est vrai. Tu es encore très sot. Et tu es plus

vieux désormais. C'est pourquoi je vais t'aider un peu.

Les deux hommes parlèrent longtemps et la mer se tenait immobile, interrompant ses moindres clapotis pour ne pas les déranger.

— Ainsi tu es un pêcheur de temps. Sais-tu ce que cela signifie ?
— Que je sais attendre, que je suis patient, très patient.

Le pêcheur d'étoiles regarda Barbar avec un regard terriblement attristé.

— Non mon garçon, tu n'as rien compris. Apprendre la patience, c'est à la portée du premier marin venu. Etre un pêcheur de temps, c'est connaître le bon moment, c'est la seule chose qui compte. Agir au bon moment, lever les voiles quand vient le vent, suivre les voyageurs quand il le faut, écouter son coeur à l'instant opportun. Tu te souviens de la vieille étoile ? Tu étais si sûr de toi, tu voulais tellement la sauver en dépit de ce que je te disais. Cette étoile est morte parce que la femme qui l'a fait naître ne lui a pas consacré le temps qu'il fallait et toi, pauvre fou, tu as perdu ton temps pour une étoile perdue, au lieu de saisir l'étoile d'or qui t'était dévolue.

Barbar n'écoutait pas. Il était certain que la Gardienne serait encore sur l'île, qu'elle l'attendrait. On ne donne pas une étoile d'or pour s'éloigner. Il était certain que le temps lui avait permis d'apaiser sa colère et son chagrin et qu'elle finirait par lui pardonner, comme les autres fois.

— Le temps est avec moi, Pêcheur d'étoiles. J'ai foi.
— Soit mon garçon, alors suis ton chemin et bonne chance.

Le pêcheur se laissa tomber en arrière dans l'eau. Barbar entendit à peine un frottement sur les flots et le corps disparut, tache lumineuse courant vers le fond de l'océan.

Barbar n'eut pas à ramer longtemps. Il aperçut l'île qu'il cherchait et vit au loin le phare. Il sourit et se demanda si la Gardienne regardait l'horizon et le voyait s'avancer. Il avait beaucoup vieilli et ses bras ne lui permettaient pas de maintenir la cadence habituelle, mais il était heureux d'être de retour, impatient de passer sa main dans les cheveux de sa Gardienne et de serrer son corps contre le sien.

Il sauta du bateau et termina les derniers mètres pieds nus, de l'eau fraîche jusqu'à la taille. Son pied gauche buta sur quelque chose au fond de l'eau. Il se pencha. Une étoile dorée, dure comme une pierre était plantée dans le sable. Il trembla et la mit délicatement contre son coeur.

Elle était froide.
Dès qu'il posa le pied sur l'île, il vit alors le phare

s'émietter en sable et s'envoler vers le large, il vit les livres comme des mouettes qui s'éveillaient et fuyaient vers le soleil. Tout disparaissait en tempête de sable et de vent impossible à contrôler.

Barbar courrait, désespéré. Il essayait d'attraper des pages mais tout s'effritait entre ses doigts. Anéanti, agenouillé sur le sable, il lui semblait que chaque grain sous ses pieds était comme un jour perdu où il aurait pu aimer sa Gardienne, son Aube, chaque grain de sable était un jour où il n'avait pas profité d'elle. Il hurla sa déchirure au Vent qui l'étreignait, il pleurait son désespoir et toute cette attente inutile, il pleurait son inconstance et sa folie de ne pas avoir compris, de ne pas avoir saisi l'instant précis où il aurait pu changer sa vie.

Un oiseau se posa à ses côtés, un albatros.
L'homme et l'oiseau se regardèrent longtemps puis l'albatros s'envola, laissant tomber une plume... Et Barbar, au milieu de ses larmes, sourit.

Il songea au fauconnier et, plume à la main, Barbar comprit comment faire revenir la Gardienne. Il se rappela le potier et savait que, même quand tout semble détruit comme les pots, on peut reconstruire à nouveau. Il s'installa sous un arbre et traça les lettres. Les rôles étaient inversés désormais, comme lorsqu'elle lui écrivait des histoires et qu'elle l'écoutait. C'était son tour à présent. C'était à lui maintenant d'écrire l'histoire de sa vie, sans attendre que quelqu'un d'autre le fasse pour lui. Barbar sentit l'amour infini en lui, un amour qui lui ne mourrait jamais. Il sentit le vent gonfler sa voilure, et son âme naître, enfin. Un jour elle reviendrait, il saurait la faire revenir et lui redonner foi, il saurait lui redonner la confiance qu'elle avait totalement perdue. Il saurait cicatriser son coeur qu'il avait fendu. La Gardienne entendrait ses histoires à travers les étoiles et reviendrait quand elle serait certaine qu'il ne partirait plus, qu'il ne chercherait plus une autre gardienne, un autre voyage. Peut-être pas tout de suite, peut-être pas demain, mais qu'importe, il a le temps, il a l'éternité. Il est un pêcheur de temps et l'aube revient toujours. Aube revient toujours.

Sur les rives d'Or de la Phénicie, Barbar attend l'aube, Barbar attend Aube et ses poèmes deviendront une carte étoilée pour la faire revenir, dans cette vie ou dans une autre. Il ne peut pas en être autrement. Il est capable d'attendre mille ans...

Sur les rives d'Or de la Phénicie,
Barbar attend Aube…

A suivre : <u>La Danse de l'aube</u>

DU MÊME AUTEUR

ALBUMS ILLUSTRES

Fa'a'amu, le petit secret de la Nuit, Au vent des îles, 2004
Dans les yeux de Léna, Gecko, 2005
Chuuutt, Gecko, 2007
Marara, un amour de Plumes et d'eau, Balivernes, 2007
Le murmure des dieux, Balivernes, 2007
Donne-moi la lune, Auzou, 2007
Le poids d'un chagrin, Auzou, 2008
Les orangers de Tahiti, Balivernes, 2008
La Terre s'est enrhumée, Auzou, 2009
L'homme en carton, Auzou, 2010
Dessine-moi une maison, Auzou, 2011
Dessine-moi un clown, Auzou, 2011
Féérie du Printemps, Tournez la Page, 2012
Féérie de l'Hiver, Tournez la Page, 2012
Tissée de Vent, Mic-Mac, 2013
J'ai laissé mon âme au Vent, De la Martinière Jeunesse, 2013
Le sourire de la Nuit, De la Martinière Jeunesse, 2014
Le théâtre de Casse-Noisette, De la Martinière Jeunesse, 2014
Attends Miyuki, De la Martinière Jeunesse, 2016
Princesses de l'Antiquité, Hemma, 2016

ECRITS SCIENTIFIQUES

De Hésiode à la pirogue de Maui, Haere Po, 2003
Guérison divine à Epidaure, Ecole des Loisirs, 2008

ROMANS

Couleur Tahiti, Aethilla, 2007
Juste avant l'automne, Aethilla, 2015

AUTRES OUVRAGES

Agenda Bonheur, Mango, 2014
Malle à Bonheur, Mango, 2014
Mon année Rêveries, Mango, 2015
Méditation et pleine conscience, Hachette, 2015
Les énigmes des Borgia, jeux et récits véridiques, Fleurus, 2015
Rêveries lunaires, Mango, 2016

Visiter le site de l'auteur :

www.roxanemariegalliez.com

www.facebook.com/rmgalliez

Copyright © 2014 Roxane Marie Galliez

Tous droits réservés

ISBN: 979-10-91485-02-9

Crédit Photo : Simon Wijers CCO

Roxane Marie Galliez est une écrivain française, née en décembre 1973 dans le Nord de la France.
Elle a publié une cinquantaine de titres, principalement en jeunesse. Elle est traduite dans quatorze langues. Son ouvrage *La Terre s'est enrhumée* est adapté au théâtre, *Le Pêcheur d'étoiles* est en cours d'adaptation.

On retrouve dans ses écrits, des mondes imaginaires, une large présence de la nature et une philosophie de vie résolument optimiste malgré des thèmes parfois délicats (le deuil, le handicap, la pauvreté, le chagrin…).

Docteur en histoire des Civilisations Anciennes, elle a travaillé sur la mythologie et la médecine en Grèce antique.

Après avoir vécu plusieurs années dans le Pacifique Sud où elle était journaliste, elle vit aujourd'hui en France, où elle se consacre à l'écriture.

Le Cycle du Pêcheur est un projet littéraire commencé en 2014 avec la parution du *Pêcheur d'étoiles*. Le récit, sous forme de contes, veut aborder la vie de tous les personnages rencontrés, chacun dans un ouvrage particulier, à la manière d'une mythologie. Ainsi, chaque nouveau livre du *Cycle du Pêcheur* évoquera un personnage et un thème. Dans *Le Pêcheur d'étoiles*, Barbar se demandait quelle était sa place dans l'Univers. Avec le second récit, *La danse de l'Aube*, le lecteur suit Aube dans la quête de l'amour et donc la quête d'elle-même.

www.ingramcontent.com/pod-product-compliance
Lightning Source LLC
Chambersburg PA
CBHW031454130726
47989CB00003B/1386